어느 아낙의 병풍도

어느 아낙의 병풍도

허정분 시집

學而思 | 학이사

시인의 말

다 어디로 사라져 갈까.
시나브로 잊히는 기억들이 삶을 끌고 가는 힘이다.
대신 노년이란 삶의 과제가 따라왔다.
당연한 그 세월의 파편들이 내 몸의 중심이고 중독이란 걸 알았다.

첫 시집 『벌열미 사람들』 이후 여섯 번째 시집 『어느 아낙의 병풍도』를 문집의 이력에 넣는다.

내가 심은 작은 텃밭의 푸른 생들 앞에 호미를 들고 머무는 시간은 움직이는 중독이다.
풀 수 없는 응어리 같은 흔적을 기록에 남기는 행위는 쉼의 망중한이다.
내려놓지 못하는 집착, 기꺼이 끌어안고 가겠다.

발간을 허락한 학이사와 예술인 재단에 감사드린다.

2025년 가을에 허정분

차례

시인의 말 / 4

1부_ 꽃 이름으로 불러주고 싶다

꽃 이름으로 불러주고 싶다 … 12

운전면허증 … 13

다시 그 계절병 … 14

구월이 오는 소리 … 16

장어는 힘이 세다 … 18

두근두근 인생 … 19

동물의 왕국 … 20

장롱 … 22

고양이 카페 … 24

트로트 전성시대 … 26

설날 아침 … 29

좋은 시 … 30

전쟁의 명분 … 32

백인대 연가 … 34

그 아이의 돈 삼천 원 … 35
아기별이 웃고 살라네 … 36
시래기 … 38
똥강아지 … 40

2부_ 사당이 있는 집

쥐며느리 … 44
지하철 경로석에서 … 45
발자국 … 46
고해성사 … 48
장날 … 50
오늘 하루 사이 … 52
카레를 끓이며 … 54
풍경의 일부 … 56
중고품 노래방 … 57
아, 이태원 … 58
八旬의 육필자서전 … 60
쭈그렁 노파 … 62
벌레 … 63
그 겨울에 … 64
잠 못 이루는 밤 … 66

사당이 있는 집 … 67
마카오 … 68
잘 있어라 나는 간다 … 70

3부_ 별자리에 너를 누인다

검불을 태우며 … 72
눈꽃이 피던 날 … 73
동지 … 74
별자리에 너를 누인다 … 76
반세기 … 78
오라버니 … 80
꿈풀이 … 82
1초의 찰나 … 83
겨울밤 … 84
이 또한 지나가리라 … 85
서행구간 … 86
우리 집 풍경 … 88
민들레 … 90
거름을 펴면서 … 91
마을방송 … 92

4부_ 사라지는 것에 대하여

요양보호사 그녀 … 96

암탉 … 98

목욕탕에서 … 99

행운목 … 100

소설 쓰는 여자 … 101

나를 파도에 잠재우라 … 102

초여름 … 103

내 이름의 한계령 … 104

영역 싸움 … 106

사라지는 것에 대하여 … 108

재스민 꽃 … 110

눈물은 전염된다 … 111

무색 … 112

마늘밭 … 113

어느 일가의 파산 … 114

큰산소 … 116

말 한마디 … 118

작가의 산문 ───────
시 산문집 『그곳에 그리움이 있었다』를 펴낸 후 … 120

1부

꽃 이름으로 불러주고 싶다

꽃 이름으로 불러 주고 싶다

전철 경로석 눈 감은 늙은이들 사이에
몸으로 중심을 잡는 앳된 처자 둘
막 피어나는 봄꽃 같은 얼굴로
개나리꽃 벙글듯
살구꽃 피어나듯
소곤소곤 까르르 터지는 웃음
경쾌한 소프라노 허공에 퍼진다

저 키득거리는 처자들이 어여뻐
눈길 떼지 못하는 나도
꽃 피우던 호시절이 있었을까
실없는 생각으로 아득하다가
환영처럼 사라진 그녀들의
꽃길 같은 미래를 점쳐 본다

꽃은 피어야 이름을 불러 준다
개나리꽃 살구꽃 그리고 할미꽃도
설레는 봄꽃이라 부르고 싶다

운전면허증

이십 년 경력단절의 1종 보통 면허증은
무용지물이나 다름없는 지갑 속 장롱면허
아무려면 이 나이에 탈선이야 있으련만

내 삶이 형편없이 비참할 때 가야 할 길은 멀어
오지 않는 버스를 기다리며 자정이 가까운 시간
무거운 발걸음 가까스로 현관문 열 때

가속페달 한 번 브레이크 한 번 못 밟아 본
잠만 자는 면허증이 야속하지만
아무려면 무면허나 음주운전 무법자의
끔찍한 사고보다 양심적이어서
은행에서 읍사무소에서 유람선 놀이에도
얼굴 윤곽도 닳아 빠진 주민증 대신
무사고 운전자로 갱신한 면허증은
앞으로도 7년간은 불심검문 통과한
공식적 보증서입니다

다시 그 계절병

기별도 없이 변절기의 통증이 온다

수십 년 삶의 명제로 먹고사는 일이라면
진자리 마른자리 가리지 않고
함부로 끌고 온 내 몸에 자꾸
이상 신호가 감지되고 있다
병명도 모르는 질병의 초대장들이
진을 치고 기다리는 줄
미처 몰랐다면 거짓말이겠지

시리도록 푸른 하늘 어디
슬픔의 구름 한 조각 떠 있기나 할까
산다는 건 누구나 그런 거라고
나뭇잎들이 초록빛 지우는
순환은 의지일까 습관일까

치유를 포기한 마음 병 앓으며
한집안의 평화를 위해 뭉개지던 절규와
사라지는 추억의 페이지와

떠오르는 상처의 파편들이
환각처럼 어른거려 몇 날 며칠 아프다

쓸쓸히 환절기의 곡예를 하는
시절 인연이 속수무책
나를 포위하고 있다

구월이 오는 소리

불기둥 내리꽂던 삼복염천도 지나가고
아수라 물바다로 폭우 뿌리던 태풍도 지나간
한여름의 끝자락 처서處暑 지나
빨간 끝물 고추 말라 가는 고추밭 사이
김장 무씨를 뿌리며 듣는다

가을이 오는 소리
늦은 참깨 톡, 톡, 여물어 벌어지는 소리
풀여치 처연히 짝을 찾는 소리
귀뚜라미 또롱, 또롱, 숨어 우는 소리
뒤뜰 감나무 말매미의 울음까지

콩밭 들깨밭 나물밭에서 여린 생들이
아름다운 화음으로 판 벌이는
가을이 오는 소리

마음은 바쁘고 남녘 소식 없는 친구는
태풍에 쓸려 간 비닐하우스 농사를
접었는지 다시 매달렸는지

전화기에 맴돌던 울음 쟁쟁하건만
사람 사는 일이란
하늘만이 안다고 위로라며 건넨 말
맘에 걸려 그래도 기어이 오고야 마는
구월이 오는 소리, 가을이 오는 소리,

장어는 힘이 세다

장어는 힘이 세다고
다리 힘 풀린 초로의 아낙들이
외식비 추렴을 한 중복 날
몸보신하자며 장어를 먹으러 간다

오늘만큼은 먹다 죽어도 여한이 없겠다고
풍천장어 한 마리씩 차지한 불판 앞
뼈를 발리고 대가리가 잘린 몸통으로도
뜨거운 숯불 위에서 꿈틀거리는 꼬리는
어느 한 생애를 헤엄쳐 온 영웅의 전생일까

몇 순배의 술잔이 돌고 내 몫을 채운
똥배가 포만의 낙관을 찍는데
밤새도록 뱃속을 난타하는 장어의 힘
화장실 물소리 풍천으로 흘러가는
길고 긴 불면의 한밤중

두근두근 인생

 그 설움이 뭐라고 안 잊히나, 그 세월이 뭐라고 생각나나, 그 고생이 뭐라고 잠 못 드나, 설운 일, 힘들던 일, 괴롭던 일, 몇 날 며칠 울던 일이 뿌리처럼 가슴속 어디서 자라났는지 끝도 없이 밤새도록 솟아나네

 지난 과거사라 잊힌다면 애초에 없었던 일이라면 괜찮을까, 잊으려 애쓸수록 내 맘이 시리고 뼈저리던 기억들 더는 못 살겠다고 날마다 보따리 싸다가도 아이들 신발 보며 중풍에 치매에 온정신 놓으신 시부모님 두고 가면 천벌 받겠다고 다 그만두고 나도 살고 아이들도 살자고 허공중에 뜨는 맘 다 잡아 눈물 닦으며 참을 인忍 수만 번 가슴이 쓰고 지운 칠십 년 한 생애가

 가야 할 저승길 머잖아 눈 감으면 이리도 온몸이 편한 것을, 아직 세상 미련이 남았는지 죽음이 마중 오는 날까지 먹어야 한다는 심장약 3개월분을 또 받아 오네

 두근두근 방망이질 머리도 때리고 쓰러질 듯 어지러운 마음도 때리네,

동물의 왕국
― 눈표범

 저곳은 만년설 지붕을 덮고 있는 히말라야산맥 티베트고원이다

 차디찬 얼음 발로 목숨줄 이어 온 동물들이 인간을 피해 막다른 삶의 꼭짓점에서 목숨을 이어 가는 TV 화면 속 약육강식의 법칙에 익숙한 동물의 왕국이다 칼바람 부는 눈보라 깎아 내린 협곡에서 어미 눈표범 한 마리 이제 갓 태어난 새끼 두 마리 핥으며 신의 영역에 생사를 건다

 어디 한 곳 제겨디딜 곳 없는 날카로운 바위 틈새를 제집 삼아 뛰는 사향노루와 뿔이 무기인 야크가 주식이지만 고픈 배를 채워 주는 날것이라면 어느 놈이든 눈표범 먹이다 젖먹이 새끼들 키우는 모성 벼랑 끝 전술로 먹이와 대치하다 실패한 허기진 어미, 새끼들 곁으로 돌아오는 걸음이 천 근이다

 천적을 피해 꼭꼭 숨겨 논 보금자리를 이탈한 새끼들 찾아 애달픈 울음으로 어린놈들 부르며 희미한 소리까지 추적해 새끼 한 마리를 찾아내는 어미, 잘 키워 낸 새끼와 눈밭을 누비는 사냥, 모자의 혈연은 거기서 단절된다

신의 창조물을 배경으로 생사의 울음이 오늘도 진행 중인 티베트고원에서 눈표범 한 마리 삶은 냉혹한 각자도생各自圖生 법칙이다

장롱

읍내에서 집으로 오는 길옆 쓰레기 수거 장소에
낯익은 듯 낯선 고딕체 장롱들이 나란히 줄 서 있다

우리 집 장롱보다 더 새것인 저 물건들은
장롱이란 구세대 언어를 내다 버린
신세대 가구에 밀려
쓰레기란 단어를 입력한 고물로 폐기될 운명
'참 아깝다' 란 생각에 꼴깍 침 넘어가지만
이 나이에 주책없는 욕심이라고 꾹 누르며
폐기물 딱지 먼저 찾아보다가
이삿짐 싣는 전 주인과 부딪쳤다

딱지도 붙이지 않고 버리는 젊은 주인 괘씸해서
이장에게 전화한 구세대와
인터넷으로 신고했다는 신세대
상식이 통하지 않는 막장드라마의 패륜처럼
연륜을 희화한 새파란 토막말이 튀는 낯선 이웃

전화와 인터넷의 간극이 한 시대 지척에서도

몇 세기의 거리처럼 멀고 먼 현실의 괴리감에
이장과 말다툼하는 젊은 남자의 목소리가
먼 별나라의 말처럼 해석이 불가했다
아, 말이 필요 없는 시대가 점점 다가온다

고양이 카페

 반세기쯤 시대에 뒤떨어진 구세대 할미가 초등생 손녀가 점찍은 고양이 카페에 초대되었다

 고양이 카페라니 아무리 세상이 변한다 해도 쥐 잡는 동물이나 길냥이로 부르던 고양이들이 카페의 주인공이라니 낯설고 생경한 풍경이다
 손녀는 마냥 애교 부리는 고양이를 끌어안고 먹이 주고 사진 찍고 제 부모처럼 돌본다 한 놈 한 놈 족보로 구별되는 이름을 목에 달고 우아한 태도로 인간을 희롱하는 수십 마리 고양이들이 인간을 밥벌이로 사육하는 카페에서 서생원 일가처럼 우리 가족이 굽신거리는 요상한 세상, 애완동물이란 유전자들이 손님이 지켜야 할 요구사항을 곳곳에 걸어 놨다

> 한 끼의 밥값을 지불해야 사진을 찍고 내 몸을 만져 볼 수 있어요
> 두 시간 이상 앉아 있는 촌티를 보이는 건 실례고 금지예요
> 손님 팔자보다 내 팔자를 욕하거나 부러워하지 마세요
> 누구나 기르는 반려묘描라고 함부로 반려返戾하지 마세요
> 야옹, 숨겨 논 발톱은 절대로 드러내지 않아요

손님! 맛있는 간식은 사 주는 게 필수라고요

귀찮게 자꾸 만지지 마세요
언제 내 맘이 변할지 몰라요
야~옹

트로트 전성시대

~이 풍진 세상을 만났으니~~
너의 희망이 무엇이냐~~
때는 바야흐로 트로트 전성시대
TV 채널마다 넘어가는 구성진 가락에

~춘자야 보고 싶구나~~
그 옛날 선술집이 생각나구나~~
예닐곱 살 어린아이부터 저승길 가까운
노년까지 트로트에 중독된 인생들이

~태평양을 건너 대서양을 건너~~
인도양을 건너서라도~~
어느 연속극이 이리 흥행대박이었나
노래 없이는 한풀이도 신바람도 없는

~앗 뜨거 뜨거 앗 뜨거 뜨거~~
너 때문에 내 가슴 불난다 불나~~
춤추고 노래하는 가수에 너도나도 한 표를 던지는
트로트혈전의 춘추전국시대에

~사랑은 아무나 하나~~
눈이라도 마주쳐야지~~
사랑과 이별과 눈물과 감동이
축제판마다 난무하는 트로트 춤판

~배신자여, 배신자여~~
사랑의 배신자여~~
너도 가수고 나도 가수고
너도 부르고 나도 부르고

~어머니 어머니 어디에 계십니까~~
목메이게 불러 봅니다~~
청춘은 시련이고 詩는 시시하고
사랑은 시들하고 삶은 시험이어서

~내가 기쁠 때 내가 슬플 때~~
누구나 부르는 노래~~
삶도 죽음도 노래 없이는 살 수 없는 나라

이 풍진 세상 갈 데까지 가보자고

* ~ 트로트 노래 가사에서 인용.

설날 아침

설날 아침
맞벌이 큰딸 내외 엎드려 절하며
엄마 금 봉투 드리니 올 한 해 복 많이 받으세요
번쩍이는 두둑한 세뱃돈에
너희 다섯 식구 입가심도 어려운 형편에
무슨 황금 봉투냐?
철렁하는 가슴에도 혹시나 설레서
눈꼬리까지 찢어지는 웃음 감추고
뭔 살림을 이렇게 헤프게 하냐고
핀잔을 주면서 열어 본 봉투 속에는
묶음도 풀지 않은 퇴계 선생
근엄한 초상화로 계시는데

돈맛 아는 손주 세 녀석
할머니 저도 세뱃돈 황금으로 주세요
저도요, 저도요,
배보다 배꼽이 큰 설날 아침

좋은 시

좋은 시 표제가 붙은 시집 한 권
붙들고 앉은 지 한 시간도 못 돼서
머릿속이 어질어질 책 멀미가 난다

허공을 떠도는 무수한 활자들의 비행
이 아름다운 언어들로 걸어가거나
자연의 숨결을 표절하는 일이
즐거운 노동이었을 시인처럼
내 마음도 감동해야 하는데
빈 껍질들만 쏟아지는 문장의 오독,

내 아이들 내신도 수시도 없던 시절
명문대 보내겠다고 도시로 유학 보내고
배우지 못한 어미가
배우고 싶던 어미가
밤낮없이 허리띠 졸라매던 살림에도
놓지 않던 책 읽기, 부질없는 욕심

오늘은 최첨단 언어를 못 읽는

문맹이 된 답답함에
라떼커피* 마시며 책을 덮는 꼰대의 비애여

* 나 때는 말이야,를 희화한 단어.

전쟁의 명분

한국전쟁 피난길에서
국군에 차출된 아버지는
전우의 신체를 넘고 넘어 싸웠던 의용군인이었다
전사자란 훈장 대신 적의 파편에 맞은 상처마다
살이 썩는 육신을 끌고
휴전협정으로 막 내린 전쟁터에서
피난지 배급 쌀 나눠 주는 여주 읍내로
걸어 걸어 오셨다고
오빠 이름 부르며 오셨다고
비렁뱅이처럼 동냥하며 오셨다고
세상에 전쟁처럼 비참한 건 없다고
인간보다 무서운 건 없더라고
어머닌 살아생전 두고두고 말씀하셨다
그렇게 십수 년을 살다가
북망산 객이 되신 아버지

2022년 2월 24일
러시아 지배자 푸틴의 망령이
새파란 자국의 청춘을 앞세워

이웃 나라 우크라이나를 침략했다
모든 일에는 명분이 따른다는 조건이 있건만
권좌를 놓지 않으려는 욕망이
생목숨을 전쟁터로 내모는 피비린내,
지구촌을 돌고 돌아 전사한
젊은 이국의 넋들에게
안타까운 묵념을 올린다
얼마나 더 희생되어야 전쟁이 멈출까

이념도 권력도 자유와 박해 이해관계도
단 하나뿐인 한 생명의 주검을 보상할 수는 없다
오늘도 돌고 도는 지구촌
붉은 선혈 낭자한 곳곳에서
생명을 사냥하는 인간의 무기들이
시시각각 총부리를 겨누는
그 해법이 오리무중이다

백인대* 연가

간데없는 그 옛날이 꿈만 같은 날
붉은 옷 갈아입은 승지골 앞산
저 산은 의연한데 냇물은 흐르는데
백인대 정자에서 푸른 꿈을 키우던 내 청춘아,
서울 가서 출세하면 데리러 오겠다며 손가락 맹세로
옷고름 매듭 엮어 정표로 쥐여 주던 순이야,
언약했던 기약은 부질없고
속절없는 세월만 야속하여라

밤나무 서 있는 방죽을 거닐며
반짝이는 조약돌로 물수제비뜨던 친구여,
서울 가서 돈 벌면 다시 오마 약속하며
백인대 냇가에서 널 부르며 보낸 시절
황토 바람 휘날리는 신작로 위에서
청춘의 애달픈 꿈을 어디다 품었느뇨,
가을비 젖는 정자에 서서 불러 보는 친구여
대답 없는 세월만 흘러갔느냐

* 광주시 향토문화유산 기념물 제2호로 곤지암읍 열미리 정자 이름.

그 아이의 돈 삼천 원

읍내 몇 대의 시내버스가 정차한 정류장에서
설 명절 보낸 느긋한 풍경을 너나없이
버스에 싣고 가는 연휴의 마지막 날
청소년처럼 앳된 동남아 아낙에게 매달린
예닐곱 살 정도의 아이가 떼를 쓴다
- 엄마, 내 돈 삼천 원 언제 줄 거야,
- 엄마 그 돈 내 세뱃돈이잖아
- 지윤, 이 담에…
소녀 엄마 말끝을 흐린다

이국인들이 이방인을 구경하는
차디찬 타국에서
미라처럼 마른 엄마가 쏜 삼천 원과
가난한 변방의 처자를
평생 반려자로 데려온
내 나라 남자들이 부끄러워
소녀야, 이 나라가 네 조국이려니
건강하게 잘 자라다오
입안에서 맴돌던 말을 끝내 뱉지 못했다

아기별이 웃고 살라네

수요일 아침 〈도전 꿈의 무대〉 노래방에
출연 중인 가수 지망생들 사연은 늘 가슴을 적시는
절절한 이야기 넘쳐 나서 TV 앞에 다리 뻗고 앉습니다
오늘은 엄격했던 아버지가 무서워 생전에
눈 마주친 적 없었다는 지천명 남성이
돌아가신 아버지 지갑에서 발견한 숫자로
방청객과 시청자를 울립니다
가정을 책임진 남자가 하던 사업 밥도 죽도 못 먹어
아버지가 그 아들의 생활비를 아무도 몰래
다달이 통장으로 보내 주셨다는 계좌번호입니다
숫자 틀릴세라 은행 점포에서 꾹꾹 눌러쓴 번호
발견하고 아버지 돌아가신 수년간을
수시로 울었다는 출연자에게 친구가
하늘에서 우는 아들을 보면 아버지가 기뻐하실까
웃어야 기뻐하실까, 나무랐답니다
그 후로 울지 않았다는 남자는
울면서 구슬픈 노래를 부릅니다

제 부모 밥벌이에 어미 품 떨어져

두 달 만에 할미에게 안긴 손녀딸
우유 먹이며 하루가 멀다고
병원 드나들던 86개월 등에 업힌 손녀
학교 가는 첫날 말 한마디 없이
갑자기 하늘의 아기별이 되었을 때
캄캄한 밤하늘 지옥 같던 그 하늘 어딘가에 있을
어린놈 눈에 어려서 보고 싶고 보고 싶어서
날마다 할미가 울고 또 울었지요
이웃 할미들이 할미가 그렇게 울면
아기가 하늘에서 내려다보며
좋아할까 슬퍼할까 그러니 울지 말라고
위로하던 그 소리 환청으로 들립니다
- 눈물로 헤어지는 쓰라린 심정 -
오늘은 노래 들으며 아기별 보고 싶어
그 남자 눈물에 전염되어 할미가 또 울고 맙니다

시래기

정월대보름 명절이라 겨우내 말린
무청 시래기 한 타래 가스불에 끓인다
펄펄 끓어오르는 무쇠 압력 수증기가
30평 적막을 점령한 시래기의 향기,
온 집안에 퍼지는 먼 옛날 시래기죽

소도 개도 키우지 않던 집안, 소여물이냐고
또 개죽이냐고 뿌루퉁 입 내밀다가도
고픈 배 견딜 수 없어 묵은내 진동하는
아리아리 쓰리쓰리 한 죽사발 끌어당기며
아버지도 엄마도 밉던 시절 아득히 그리운데

낯선 풀냄새에 코를 쥐며 '쓰레기 냄새' 싫다고
먹기도 전에 피자 한 판 시켜 달라는 손녀딸이
"할머니 소띠야? 토끼띠야? 풀을 먹게?"
맹랑한 거부에 별수 없이 전화번호 누르는
기억상실의 하세월 건너
엄지척 치켜드는 저 어린놈들
그래 세월 복을 타고났으니 잘 자라라

세종대왕 지폐 두 장 바람처럼 사라진다

똥강아지

  휴가 떠나며 맡기고 간 딸네 강아지 한 마리 입맛도 까다로운 요놈이 강아지 간식 아니면 입도 안 대는데요 요놈아 사흘만 굶어 봐라 물만 주고 굶겼지요 하, 글쎄 무슨 오기가 팔뚝만 한 몸통 어디 붙었는지 밥그릇은 쳐다도 안 보는 요놈은 영국에서 건너온 족보까지 있다나요, 세상 참 꼴불견*입니다

  오래전 아랫말 옛집에서 기르던 누런 강아지 워리가 있었지요 식구들 구박을 받아도 아이들만 보면 좋아서 퐁당퐁당 뛰며 쫓아다닌 하룻강아지가 작은딸 똥 누는 뒷간까지 따라가 까불다 그만 풍덩 똥 항아리에 빠져 엄마! 엄마! 딸아이 다급한 비명 소리에 놀라 뛰어가 보니 쌀 네 가마는 들어간다는 큰 똥 항아리에서 모가지만 내놓고 깨갱깨갱 꺼내 달라 울부짖는데 어쩌나요

  눈물 콧물, 울고불고, 살려 내라고 발 동동 구르는 강아지 같은 세 아이 앞에 용감한 흑기사 남정네가 나타났으니 고무장갑 끼고 바닥에 엎드려 강아지 모가지 들어 올려 꺼낸 똥범벅 강아지 좋아서 이리 뛰고 저리 뛰고 도망가는 아이들 뒤쫓아가던 똥강아지 붙잡아 개울로 데리고 간 남편이 멋지던

그때 그 시절이었죠

　꿀맛처럼 밥그릇 핥던 그 많던 집집 지킴이 똥강아지는 다 어디로 사라졌을까요 문득 궁금해집니다

2부

사당이 있는 집

쥐며느리

싸라기 눈발 날리는 영하의 날씨에
서너 평 화장실 타일을
아기 손톱만 한 쥐며느리 조심조심 기어 간다
어느 서생원 일가가 내친 민며느리일까
시집살이 힘겨워 집을 나왔나
사방이 온통 차디찬 얼음벽인 사이사이가
집 잃고 가족 잃은 어린 쥐며느리에겐
엄마 잃은 아이가 홀로 슬픔을 짊어지고
전 세계를 떠도는 외로움 같겠지

자세히 보아야 보이는 명주실 같은 발들이
어쩌다 잘못 든 이역만리 타일 판에서
갈 길을 찾지 못해 가던 길 되돌아서고
제 몸 비추는 거울에서 잠시 숨 고르다
그도 저도 길 아닌 듯 바닥으로 떨어져
배수구 물에 쓸려 가는 한 생의 소멸
쥐며느리

지하철 경로석에서

　지공거사* 어르신들 득실거리는 한낮의 경로석에 칠 학년 팔 반이라는 지공여사님 양옆에 앉은 동년배분들에게 목소리 쩡! 쩡! 열변을 토합니다 "자식새끼 딸년 다 도둑들이고 소용없어요, 부모 것 줄 때만 좋아하지요." 막말을 섞어 가며 "뭐니 뭐니 해도 웬수보다 미워도 등 긁어 주는 부부가 최고예요." 옆 사람 옆구리 찔러 가며 들으라 합니다. "내가 똥 싸 봐요, 남편이 치우지 누가 치워요." 호감과 공감을 바라는 여사가 "남편이나 내가 아파 봐요, 자식들은 요양원에 갖다버려요." 또 한마디 합니다 "병원은 못 데려가도 식은 죽이라도 떠먹이는 건 부부라고요." 사나흘 냉전 중에 홧김에 집 나온 내 앞에서 하는 말 "남하고 싸워 봐요, 평생 웬수지만 남편은 내 편 들어요." 맞는 말 같긴 한데 어이없이 웃겨서 여기저기서 참지 못하고 낄낄, 호박 같은 웃음 터집니다 경로석 가득 쭈글쭈글 개그야 꽃이 만발입니다

---

　* 지공거사 지공여사: 지하철을 공짜로 타는 경로 어르신.

발자국

도처에서 낭만과 반역을 꿈꾸는
테러분자들이 밤사이
순백의 세상을 건설한 설국에 갇혀
태고시대 발자국 남기듯 흰 백지에 조심조심
내 발자국 찍는 오솔길에
누가 다녀가셨나, 황야의 무법자처럼
큼직한 네 발굽 꾹, 꾹, 찍혀 있다

마을은 버림받은 개들이 떠돌며
늑대가 되어 버린 야생성으로
닭 수십 마리를 사냥한 소문과 신고가 파다해서
길목마다 덫을 논 엽사에게 잡혀 간
처절한 울부짖음에
산책길마다 머리털 곤두서는데

천지가 하얀 복병인 혹한의 엄동,
굶주린 배를 흰 눈밭에 얹으며
고립무원 눈밭으로 걸어간
외로운 늑대* 멀리서 컹, 컹, 정적을 깨우는

* 자생적으로 생겨나서 소속집단이나 배후 없이 활동하는 개인 테러리스트를 비유적으로 이르는 말.

고해성사

아우야 네가 폐암 4기라니
턱, 턱, 숨통을 조이는 환영幻影
기가 막히더라
이두박근 삼두박근의 구릿빛 노동자
남보다 강하고 더 튼튼한 몸이라 여겼다
어쩌나, 어쩌나,

신이 허락한 지상의 여섯 달
나 살기 바쁘다고 허둥거리는 사이
눈앞이 캄캄하다 한숨 쉬는 사이
너는 벌써 밤하늘 별자리를 예약했구나

누이 걱정할까 가슴 아플까
내색도 없이 떠나갈 날 기다리던 그 마음
생전에 맛있는 밥 한번 못 사 주고
네가 흙먼지길 오가며 벌어 온 삶의 명세서
남매간에 나눌 때 당연한 지분처럼
받기만 했구나
미안하다

미안하다

국화꽃 앞에 놓인 영정사진
말문 닫은 네 앞에서
기약없이 살아야 할 세월에
곡소리 터진다
아우야 잘 가거라,

장날

 설 명절 앞둔 대목 장날 장터에 편 점포마다 손님 끌기 바쁘다 손끝이 시린 추위 예전의 호황은 별나라 이야기라고 쓴웃음 파는 몇몇 장꾼은 모닥불 앞에 모여 커피를 마시고 꽝꽝 언 동태를 흥정하는 늙은 부부 이웃 만나 짜장면집으로 발길을 옮긴다

 삼대가 모이는 명절 입맛 다른 어린놈들 먹거리 짊어진 가방 메고 기다리는 마을버스, 단골손님마다 주름진 훈장들을 온몸에 달고 있다 젊은 시절 우리 집 구멍가게 술꾼이던 주태백 아저씨 십수 년 세월에 이름 잊은 농투성이 남정네 건네는 눈인사에 취기가 엉겨 버스 기사와 말 대작을 한다

 - 이 차 우리 집 가는 찬가,
 - 글쎄, 우리 집이 어디요,
 - 아 만뜰 봇도랑 옆이여,
 - 아저씨 만뜰은 다른 차요,
 - 어라 만뜰을 안 가믄서 왜 날 태웠어,
 - 아따 아저씨가 탔지 않았소,
 - 예끼, 차비 받아묵고 뭔 뚱딴지 소리여,

- 딴지는 아저씨가 걸면서 술은 얼마나 자셨소,
- 자네가 술 사줬나 막걸리 두 병이면 만땅이여,

빨간 딸기코로 술 트림 횡설수설 맞장구치던 기사 양반 출발도 안 한 버스 시동 끄고

- 아저씨 집에 다 왔으니 내리소,
- 이 사람 만뜰 말고 세월리에 내려주게,
- 아니 만뜰 사람이 세월리는 왜 가소,
- 아 벌써 집에 가 뭐하노 술 한잔 더 묵어야제,
- 아저씨 그럼 내리소, 차비는 안 받을 테니,
- 예끼, 다 왔다고, 그럼 한잔 더 하고 걸어가지 뭐,

주당 어르신 구름 속에 숨는 햇살 붙잡고 쓰는 갈之자걸음이 충청도 집 문을 여는 대목 장날

오늘 하루 사이

별 하릴없이 하루를 흘려보냈다

생각의 셈법과 다른 오늘의 난이도를 되짚는 사이는 오늘일까 하루일까

예고 없는 혈연의 방문은 반가움을 포장한 불편한 이탈이다

아무렇게나 허공으로 뱉은 언어들은 몇 문장이나 진실이었을까

속내를 계산하며 마음에 없던 밥값이 선심처럼 지갑을 빠져나갔다

시각과 청각을 지배하는 TV 소음 속에 낯선 타인이 앉아 있다

새벽녘 생각했던 하루의 덧셈은 한 개도 더하지 못했다

오늘과 하루 사이에 놓인 시간이 바람 빠진 인형 탈처럼 기진한 허방이다,

어둠을 타고 온 땅거미가 스산한 서릿발을 사방에 깔았다

지상으로 초대된 웃음과 하늘로 오르는 울음이 도처에서 진행되는

무심과 관심이 무한과 유한이 공존하는 사이, 사이,

산다는 것은 오늘이 주는 묘약이라고 자정을 넘기는 슬픔이 종을 쳤다

카레를 끓이며

면벽수행을 하는 처지도 아닌데
거리가 멀어져 하루 종일 입 꾹 닫은 채
남남 같은 두 식구만 사는 집
저녁 끼니가 걱정이다 뭘 먹어야 하나

냉장고엔 고기도 있고 생선도 있고 젓갈도 있다
겨우내 먹을 김치며 항아리 가득 된장도 푸짐하다
두어 포대 쌀도 있고 빚어 얼린 만두도 있다
그만하면 종갓집 곳간이 부럽지 않은데도
배를 채워 줄 맛있는 음식이 고민이라니
참 시절이 변해도 야속하게 변했다

시부모님 모시고 내 아이들 키울 때는
된장찌개만 지져도 김치 볶음만 해도
식솔들 숟가락에 밥맛에 착착 붙었다
칼질하는 손 밥하는 손 도시락 싸는 내 손이
당연했고 고마운 줄 몰랐다
그 밥을 먹고 아이들이 컸고
부모님은 구순을 넘기시며 장수하셨다

맞벌이 밥벌이에 파김치처럼 늘어지는
내 자식들은 제 식구를 위해
도시락을 싸지도 김치를 담그지도 않는다
햇반이란 밥을 먹고 남이 재워 준 갈비를 구우며
야식으로 통닭을 피자를 시켜 먹는다
하, 세월이 변해도 고약하게 변했다

이 궁리 저 궁리 끝에 외식을 하듯
감자를 썰고 당근을 볶으며 카레를 끓인다
온 집안에 퍼지는 낯선 이국의 냄새 그릇에 담아
나는 컴퓨터로 남편은 바보상자와 겸상을 한다

풍경의 일부

마을 냇가 산책로를 지팡이 짚은 노인과
고양이 한 마리 벗 삼아 걷고 있네

검버섯 무늬 짙은 얼굴로
절뚝이는 노년의 그림자에
얼룩 고양이 스며들듯 따라가는 이른 봄날

쌀쌀한 꽃샘추위 풀어 놓은 샛강 기슭에선
오리 가족 자맥질이
삶을 건져 올리는 그윽한 시간

내를 가로지른 다리 위 도로로
사이렌 울리는 요란한 비명 소리
오리 떼가 날고 황새도 날고
고양이도 덤불로 기어드는데
그러거나 말거나 다 부질없다는 듯
곁눈질 한 번 없는
저 노년의 느린 보폭!

중고품 노래방

올해 들어 칠 학년 오류 반에 등록한
남정네들이 노래 부른다

흘러간 유행가를 개사하고 편곡한 노랫말
버럭버럭 찢어지는 목청이
온 집 안에 요동치는 난장판 노래방

앞 산마루 둥근 보름달 지붕을 넘는데
왕년을 앞세운 한물간 가객들이
벌겋게 달아오른 취기와 야합해
신라의 달밤을 복제하는 한밤

인생도 노래도 사는 것도 별것 아니라고
천년을 건너온 서라벌 달빛이
달맞이 꽃말에 내려앉는다

아, 이태원

'이건 가짜뉴스야'
그럴 리가 없다고

그 좁은 골목에 쓰나미 물결처럼
앞에서 뒤에서 물결치는
인간 파도에 휩쓸려 수백 명 젊은
생명이 파리 목숨처럼 스러지다니

검은 머리 넘실거리는 인산인해의 파도,
순식간에 숨통 막는 구천九泉의 바다에서
겹겹 눌려 밟혀
구명정도 없는 맨바닥에서 숨이 멎다니

일어나지 말아야 할 청천벽력! 기막혀라,

꽃다운 청춘들이 아들딸이
주인 잃은 신발 핸드폰 가방이
차마 호명하지 못한 이름들이
울며 떠돌며 하늘로 가는 자욱한 비명 소리

이태원 그 골목에서 집으로 가지 못하고
사랑하는 가족들과 작별의 인사도 없이
이승의 항구를 떠나
저 하늘 어느 별로 함께 가는지

밤하늘 별자리 가득 고향으로 다가서서
넋 놓은 가족들 가슴에 정박하며
만날 기약 없는 이별로 떠도는 불귀의 이름들

八旬의 육필자서전

　1톤 트럭에 팔순을 넘긴 노구를 끌고 뻥튀기 장사를 다니는 남선 씨는 십 년 주기로 생의 무늬가 달랐다 열 살 무렵 전쟁의 참화에서 훈장처럼 왼팔에 입은 화상, 형편없이 쪼그라든 왼팔이 스무 살 고개를 넘을 때 객지의 돈맛을 본 청년은 첩첩산중 고랭지 배추밭에 눈독 돈독을 몽땅 쏟아부었다 한 달 열흘 장맛비가 내렸고 썩어 빠진 배추는 불어난 냇물을 건너지 못했다

　이듬해 또다시 산비탈 배추밭에 포기하지 못한 희망을 사들이자 하늘에서는 태풍에 실려 보낸 장대비를 뿌려댔다 황톳빛 화양강물에 떠내려오는 산사태의 흔적들, 빚보다 빛에 쫓긴 청춘은 야음을 틈타 시퍼런 파도가 춤추는 낯선 타향 바다로 번지수를 옮겼단다

　그 바닷가 입에 풀칠도 못 되던 세월을 건너 먼먼 타국 중동에서 벌어 온 사막의 돈은 기회가 되었단다 낫 한 자루 삽 하나 들고 남선 씨가 평생소원인 황무지 땅을 개간한 오천 평 과수원 땅, 운명의 신은 거기까지 관대했다고 한다
　무럭무럭 자라던 복숭아나무 사과나무 전지하던 언덕에 기

댄 사다리가 쓰러지면서 구급차를 탄 고희古稀, 불굴의 사나이가 병원 문 나서며 얻은 건 장애라는 여생이었다

  부러진 세 개의 경추 뼈 잇대 목 깁스를 한 채 내 인생에 포기란 없다는 듯 긍정의 힘을 믿는 남선 씨 청계천 상가를 뒤져 사 온 낯선 기계로 석 달 열흘 공짜로 튀겨 대는 뻥튀기, 가족들 결국 백기를 든 그 십여 년 사이 뻥튀기 달인으로 이름 올린 내 오라버니 남선 씨가 장날마다 온몸으로 쓰는 八旬의 육필자서전이 시골 오일장터 거리마다 뻥, 뻥, 담화로 터진다

쭈그렁 노파

　농협 도로변 인도에 쭈그렁 노파 앉아 있다 플라스틱 간이 의자에 쭈그려 앉은 팔순 넘은 쭈그렁 인생이 산전수전 다 겪은 백발 마녀 같다 손바닥만 한 보자기 좌판 깔고 겹쳐 놓은 허접한 양말들, 시세보다 배나 비싼 세 켤레 만 원이란다

　쭈그린 노파 주름진 얼굴에 한파와 세파가 벌벌 떤다 연민을 적선하는 눈길이 동정을 구걸하는 노파에 머물수록 동남아 배를 타고 건너온 양말들 가방에 담기는 봄여름 사철, 쭈그렁 노파가 못 박힌 그 자리 바라보며 울화가 피는,

　대한민국의 복지부여, 노령연금과 기초생활 연금의 행방이여, 누가 저 노파를 거리로 내미는가, 끼니를 호객하는 쭈그렁 생이 쓰는 가짜 뉴스 사기 행위다!라고 복장을 치지만 머잖아 그 자리 노리는 수많은 생의 그림자여 용서하시게

벌레

염천이 꽂은 불기둥
웃자란 들깨 푸른 잎에 싸여 온 벌레
따끔 손가락을 문다
참깨꽃 꿀을 빨던 나방도
따끔 목덜미를 문다
탁, 한 방에 뭉개지는 작은 미물들

한 이레가 가도록
붉은 상처의 가려움증
손 닿으면 긁고 있다
작다고 함부로 얕보지 말아라
생각 없이 뜯고 뽑고
버린 푸른 명줄들이
보내는 경고 새삼 미안하다

그 겨울에

그때도 섣달그믐 때였지
흰 눈발에 갇힌 아버지는 한숨만 쉬고
쌀 떨어진 부엌에서 어머닌
탱탱 얼은 소나무 청솔가지 불붙여
눈물 콧물로 아궁이에 불을 때셨네

부엌 시렁에 얹힌 시래기
송송 썰어 노구솥 가득 끓이는 밀가루 푸래기*
한 자배기 문지방을 넘어오던 아침 끼니
산 사람 입에 거미줄 치랴 그 말
우리 집 가훈처럼 섬겼다네

전쟁 중에 끌려간 국방군에서
포탄 파편 맞아 피 흘린 자리마다 썩어 가던 상처
이명래 고약도 십 년 묵은 된장도
다 소용없는 무용지물이라
불혹의 나이 넘겨 아버지 극락정토로 가셨다네

삼동三冬 내내 지워지지 않는 풍경화 지겨워

시오리길 걸어 돈 벌어 오겠다고
큰소리치고 서울로 가던 그해도
매서운 눈발이 사정없이 휘몰아치던
이맘때 겨울이었다네

* 수제비보다 멀건 밀가루 음식.

잠 못 이루는 밤

 초저녁부터 청한 잠이 감감무소식인 불면의 밤 무심이 약이고 삶이라고 스스로 위로해도 기어이 수면제 한 알을 처방하는 새벽녘, 옆집 농가의 수탉이 울고 약 기운에 심신이 서서히 뭉개지는 나른함과 일상을 깨우는 습관이 줄다리기하는 비몽사몽의 행간이다

 문밖은 지금 정월의 한파가 눈보라를 몰고 오는 대한 무렵, 유전으로 물려받은 저기압의 기상도가 내 몸을 휩쓴다 밥벌이로 나간 여덟 시간 품값의 최저임금, 그 일도 볕 좋은 날의 마른장마처럼 드물고 잠자리 즐거운 상상을 깨는 불안은 가슴속 어느 구석에 붙어 있던 흔적인가 섬망 같은 환각이 세포들을 깨운다

 이런 일 한두 해를 넘겨 익숙한 불면인데도 속절없이 오늘을 보내야 할 시간의 그림자들이 미리 와 버려 굽은 곡선으로 누운 몸의 피로 눈꺼풀에 달라붙어 곡소리를 낸다

 한 생의 노동자가 짊어진 살아갈 괴로움을 어디다 호소해야 면죄부를 받을까 길고 긴 하루가 시나브로 졸기 시작한다

사당이 있는 집

한 문중의 영원불멸을 이어갈 종손 종가宗家였다

골목골목 항렬의 돌림자로 문패 단 담장 곁
산수유꽃이 피면 아지랑이 감싼
한 마을 한 문중이 한 해의 평안을
사당을 모신 종부와 함께 빌었다

대대손손 조상님 제사 받들던 종부宗婦 마님
전쟁 때 반동분자 지식인으로 북으로 끌려간 지아비
새벽마다 정화수에 담긴 사연 눈물로 기다리며
어린 아들딸 올곧거라 숨죽이던 세월 건너

올해도 종가에는 감나무 가지마다
주렁주렁 매달린 까치밥 하염없는 기다림을
망백의 마님 지고지순 그리운 사랑 품으신 채
구천을 돌아 하늘길에 드시는
꽃다운 새댁, 정중자* 여사님

* 능성 구씨綾城具氏 도원수공파 종손 구교운 씨 어머님.

마카오
— 베네시안 호텔 카지노

시골 한마을 파마머리 물들인 아낙들이
살아서 한 번은 뽕 가보고 싶다고 벼른
홍콩 가는 비행기에 몸을 실었다

일확천금을 꿈꾸는 투전꾼들이
지옥의 영혼이라도 끌어다 바친다는 현장
네온 불빛의 빗길을 달린 버스에서 내려
11만 평 넘는다는 카지노 건물
거대한 돔의 미로 속으로 빨려 들어간다

천국을 모방한 화려한 별세계에서
도박이란 마약을 투여하는 카지노 오락에 빠진
투전꾼들이 끝내 파산으로 마감하는 이곳은
초고속의 유랑민을 선발하는 시험장이다

푸른 하늘에 구름 몇 점 띄우며
화사한 햇볕 아래 운하에는 색색의
쪽배가 다니고 구름다리에서는
저마다 천국의 화상을 낙인으로 찍는데

가상의 공간을 허공에 띄운 가짜라니
허허실실 소름이 돋는 이 불야성,

문명에 대한 인간에 대한 번뇌가
대책 없이 가슴을 찌르는 나는 원시의 포로인가
뿔뿔이 흩어진 일행을 가까스로 찾은 출구에서
내 나라로 가는 비행기에서도
밀랍 인형처럼 홍콩에 정차한
이국인들이 사흘 밤낮 잊히지 않는

잘 있어라 나는 간다

그래, 잘 있어라 나는 간다
노래 한 구절 씁쓸하게 부르며
가족과 헤어져 입도했던 낯선 섬
동백꽃 뚝, 뚝 절명한 낯선 섬에서
뭍에서의 쓰라린 기억은 저 시퍼런 바다에
던져버리자 싹, 잊어버리자 최면을 걸며
발길 닿는 곳마다 신비롭던
돌, 꽃, 바람, 파도의 섬에서
노란 감귤을 뱃속 가득 물들이며
한 달이 가고 두 달이 가고
볕이 소금보다 귀한 날들의 누기 지겨워
유채꽃이 만발하던 이른 봄날
그래도 잊지 못한 삶의 이력이 소환하는
뭍으로 향하는 배에 오르며
다시 한번 곡진하게 살아보겠다고
잘 있거라, 제주도여,
이 풍진 세상을 향하여,
눈물을 꾹꾹 삼키며
나는 간다

3부

별자리에 너를 누인다

검불을 태우며

가을걷이 끝내고 난 밭의 농산물은
애물단지처럼 처치 곤란한 쓰레기여서
이웃 눈치 보며 망설이다 몇 삼태기
마른 검불에 확, 불을 당긴다
불맛을 본 밭두렁 콩깍지며 깻단 화르르, 화르르,
불꽃을 피우는 사이
내 가슴에서는 조바심이 타고 탄다

지척에서 산업쓰레기 태우는 소각장은
푸른 하늘로 뭉게구름 같은 매연포탄
밤낮없이 쏘아 올리는데
힘 풀린 두 다리가 더는 양심이 되지 않아
한순간에 타 버린 잿더미에 끼얹는 물세례
죄짓고 어떻게 살까,
불법을 합법으로 위장한 무수한 불꽃들이
오늘도 지구 곳곳을 태우고 있다

눈꽃이 피던 날

밤사이 메밀꽃을 쏟은 하늘이
메밀꽃을 덮으며 목화송이처럼 퍼진
탐스런 꽃잎을 천지간에 퍼붓습니다
어쩌지요, 저 나풀거리는 희디흰 것들이
불러오는 그리움은 치유가 안 되는 통증인데
초야도 못 치른 순결한 도화지에
초대장 없는 그림을 그릴 수는 없겠지요

生은 예습 복습이 없는 시험지 같아
저 순백의 시야에 누군가는 낙오되는 순간인지
구급차 신호 불안합니다
햇볕 머물다 간 사이사이
유령 화가가 끝이 보이지 않는 아름다운
수묵화 그리는 눈 내린 날입니다

동지

발목이 빠지도록 눈 쌓인 동짓날
노인정에서 팥죽을 쑵니다
미끌미끌 미끄럼틀을 깔아 놓은 도로
넘어질까 조심조심 엉금엉금 기면서
대문 밖 나섭니다

반들반들 기름칠한 3분 거리를
주춤주춤 엉거주춤 모여든 이웃들과
팥죽 한 그릇씩 나눕니다
함께 먹는 나잇살 주름살 뱃살까지
또래의 벗들이 쭈글쭈글 닮은 꼴입니다

아흔일곱 연세에 황천 강 건너가신 시모님은
동짓날마다 떡을 팥죽을 그릇그릇 담아
대문간 곳간 장독대까지
고수레, 고수레, 소리치시며
집 안 곳곳에 숨어 있는 터주 귀신을 부르셨지요
사람보다 먼저 귀신을 먹이는 시어머니 미워서
떡도 죽도 싫던 며느리

세월이 변해 귀신들은 죄다 사라지고
손발 거칠어진 노인들만 열댓 분 모여
액땜하자고 동지 팥죽을 먹습니다
자동차 없이는 밥벌이 못 하는 내 자식 남의 자식들
사고 없이 평안한 나날 되라고 시어머니처럼
마음속으로 고수레, 고수레, 외치면서 먹습니다

별자리에 너를 누인다

아우야 너 지금 어딜 가니?
거기가 어디라고 함부로 가는 거냐?
아직 네가 가기엔 멀고 이른 길이란다
넋두리가 곡이 되고 후회가 눈물이 되던
막냇동생 영정이 놓인 장례식장
사진 속 환한 얼굴이 누이를 반기는데
이게 뭔 변고일까
작년까지 무쇠 팔다리로 져 나른 공사장
흙먼지가 폐암 말기 부고장이었구나

한 조상의 혈연을 죽어서나 보는 아우야
사촌들도 오고 벗들이 오고
네가 사랑하던 아들도
큰형과 누이도 왔다
머나먼 하늘과 땅 교차로에서
꺼이꺼이 호곡으로 너를 부르며
서로 지녔던 기억과 추억을 꺼내는데

착해서 바보 같던 아우가

법 없이도 살던 내 아우가
살아서 못 가 본 외진 길을 간다네
복사꽃 핀 언덕 진달래 핀 산길에서
누이 기다리겠다고
만장 앞세우고 훠이 훠이
하늘로 가는구나

반세기

수백 년 한 핏줄 한 문중이
충렬공忠烈公 시호 받으신
영의정 청백리 조상님 불천위 음덕으로
사방 십 리 산하 나라에서 하사받은 사패지가
農者天下地大本을 순명처럼 받들던 마을이다

산과 들과 내를 끼고 이름으로 지형을 섬기며
근대에서 현대로 넘어오는 변환기에서
이 마을로 이주하는 공장들이
다국적 인종을 사들이는 자본의 위세는
논밭 농사로는 밥 먹기도 힘들어
농지원부 파기된 아리송한
도농복합 마을로 바뀐 지 근 오십 년
공장으로 상가로 물류 창고로 빌라촌으로
수돗물에 도시가스까지 문화의 홍수를 누리며
앞산 뒷산 종산을 파고든 터널

다 변해도 승지골 냇가 정자 백인대*
조상님 숨결이 스민 너럭바위 절벽에

우암 선생이 일필휘지를 새겼지만
그곳은 전설 속 설화처럼 갈 수 없는 곳이 되어
소 돼지의 곡성, 핏빛 자욱한 진동하는 냄새가
아수라를 이루는 살육의 현장 도축장이
팔당호로 스며드는 발원지를 물들이는데

벌열미마을 입구에 홀로 서서
인간들의 됨됨을 훑어보고 계신
육백 년 나이테 두르신 광주시 보호수 57호
느티나무 신목神木님 천세만수하시길

* 송시열 선생이 이 마을 수제자인 구문찬 공과 함께 시문화답을
  하던 정자. 광주시 향토문화유산 기념물 제2호.

오라버니

김장김치 두 통 들고 찾은 오빠네 집
과수원 사다리에서 떨어진 십수 년
목에 감긴 깁스를 풀지 못하는
장애인 오라버니가 운다
당뇨합병증으로 앓던 아내마저
요양원으로 실려 간 반년 세월
살아서 돌아올지 영영 이별일지
서러움이 꾹꾹 눈물로 풀어진다
산전수전 다 맞서며 생사의 고비를
몇 번씩 넘긴 사나이가
세월이 무색하게 주룩주룩 눈물을 보인다
한 핏줄의 서러움에 감전된 나도 운다
오라버니도 울고 나도 운다

지상에 신발이 놓인 우리 삼 남매
천상의 부모님 뵈러 누가 먼저 갈까
애써 초연한 마음 붙잡으려 해도
재작년 하늘로 간 누이 못 잊고
왜 너만 왔느냐고 지청구하는

등 굽은 오라버니 두고
다시 만날 때까지 건강하라고
기약없는 약속을 하며
오빠는 배웅하며 울고 나는 떠나며 운다

꿈풀이

잠자리에 누운 밤 잠들지 못하는
시간을 끌어안던 새벽녘 꿈결에
낯선 듯 낯익은 오만 가지 생각이 엉긴다
푸른 강물에 빨래하는 어머니와
손녀 같은 저 어린 아기는 뉘 집 아인가
오래전 사라진 옛집 아궁이에 불을 때는
나는 왜 내 이름을 부르며 우는가
한 번도 현실에 적응되지 않았던
아득한 세상 비몽사몽의 행간에서
궂은비가 오고 있는 오늘 하루도
눈뜨면 사라지고 말 환각들이
꿈으로 풀 수 없는 미로처럼 나를 깨운다

1초의 찰나

국수가 생각나는 점심시간
맛집이란 소문의 북새통 식당에서
빵빵하게 배를 채운 노년의 찻길에
유령처럼 나타난 검은 물체 "쿵"
찰나에 쓰러진 오토바이
"어쩌나?" 비명과 탄식 터질 때
대책 없는 막막한 후회가 밀려올 때

멀쩡히 일어서는 젊은 배달기사
청년과 노년이
귀신만 아는 진실규명을 할 때
어디선가 몰려오는 오토바이 군단들이
자식뻘 배달의 달인들이
수리비 일당비 부풀리며
젊다는 판정승으로 엄포를 놓는데

서슬 푸른 기세등등 막가는 언행
무서워 사람 안 다친 게 하늘이 도왔으니
뭐든 다 해 주겠다고 사죄하는 늙은 부모들

겨울밤

밖은 지금 극한의 칼날을 겨누는 영하 20°
숨결을 지닌 생들 숨소리조차 얼어서
미동도 없는 고요의 밤 깊어갈 때
귀청을 찢는 119 사이렌 소리,
온몸의 세포들이 파랗게 소름 돋는,
누군가 지금 생사의 갈림길에서
살얼음판 딛는 호흡으로
구조를 기다리나 보다

선잠은 달아나고 두근대는 가슴
대책 없는 불안감에
거실 마루를 건너온 얼어붙은 달빛 향해
원시의 누군가가 주술을 걸었듯
가만히 제자리에 돌려달라고
두 손을 모은다

이 또한 지나가리라

　스물여섯 해를 큰 병 없이 살아 온 우리 집 성주가 한순간 붕괴되기 시작하셨다 마루 가득 쏟아 놓는 토사물 위장 어딘가가 큰 병에 걸렸나 보다 캄캄한 눈앞, 전문의가 달려오고 가족들이 비상대책회의를 열었다 다른 방법이 없는 내부 전체를 들어내야 한다는 진단에 눈앞 캄캄해도 수술을 해서 살릴 수 있다니 대물림한 반백 년 살림은 쓰레기 더미겠다 진즉에 처방했어야 할 병명들이 있었지만 차일피일이 불러온 방관자인 나도 온몸에 힘이 빠지는 대책 없는 보호자, 곰삭은 삼십 평 집안의 병들고 낡은 의, 식, 주,를 다시 개조하려면 수술비만 수천만 원, 기가 막힌다

　견고한 뼈대로 4代를 이어 온 大主도 때가 되면 속절없이 아프다 가족들이 걷어 온 비상금 걸고 마당에 장막을 친 보조인력들이 세간들을 옮기는 마당, 날씨조차 심술궂다 피난 나온 살림살이 위로 세찬 비바람이 몰아치는 장마철, '이 또한 지나가리라' 카톡에 뜬 솔로몬 대왕 처방전

서행구간 *

퇴촌 관음리 막다른 도로 옆 작은 서점
시월의 갈빛이 내려와 머문 책방에
내 이름이 걸렸다
내 사진이 붙은 현수막 그리고 포스터
독자와의 북 토크 장소 - 서행구간 -
〈허정분 작가와의 만남〉 '그곳에 그리움이 있었다' **

산전수전 글로 옮긴 내 칠십 년 이력을
서점 권장 황영경 씨가 초대한 축제
"야호!" 터지는 환호성,
봐라! 나도 작가다!

글이라고 쓴 서른 해 동안
내 이름에 붙은 허명 같은 수식어
시인님, 선생님, 다 생략하고
일 중독자 그 틀에 스스로 가둔
무명의 농부 오늘은
평생 애독자 아들딸 앞세우고
쉼과 책을 모시는 인연들과 눈 맞추러 간다

"야호!" 나도 작가다

* 광주시 퇴촌면 관음리의 서점 이름.
** 2024년 학이사에서 펴낸 시가 있는 산문집 제목.

우리 집 풍경
— 설날

어릴 때 내 설빔은 노란 저고리 검정 치마였다
서러워 설이라고 좁쌀 인절미 찧던 어머니
노릇노릇 화롯불에서 구워지던
차좁쌀 인절미 떡 먹으며 큰
화전민 딸의 서러운 날이 흘러
설날 아침 어린것들 세배를 받는다

연년생으로 호적에 오른 손주 여섯 놈,
요놈들 보고 있자면 혈연으로 점지해 주신
삼신할미며 우주의 신에게 날마다 엎드려
절을 해도 부족하겠다 싶다가도
장차 나라의 일꾼이라는 할미의 희망찬 설레발에
마음 먼저 바쁜 설밑 서른 평 집안에서
올해는 딸네 반려동물까지 합세해
칠순의 곡소리 신음 소리 저절로 이중창인데
두 다리가 붓도록 장만한 설 음식 다 싫다고
라면에 밥 말아 먹는 저 어린놈들,

진즉에 못 만난 애인들처럼 웃고 울고 떼쓰고 뒹굴고

생쥐처럼 반짝이는 눈망울로 장차 대한민국의 늙은이
서른여섯 명을 부양할 어린나무들
무럭무럭 잘 자라라는 덕담 없이
할미가 주머니 돈을 푼다

옛다, 받아라! 세뱃돈!

민들레

봄비 서너 번 내리는 사이
텃밭 귀퉁이 민들레 몇 포기
지천으로 꽃대 밀어 올린다
다년생 잡초의 근본은 모름지기 쓰디쓴 것
부추밭 사이 파밭 사이
주객이 전도된 영토분쟁에도
피 한 방울 흘리지 않고 종족을 퍼트리는
노란 화촉 신방 엿본 이웃들이
사방팔방 띄운 연두 통신에
여기저기 흙을 비집고 올라오는
무수한 여린 풀들 그 곡진한 비린내
사흘 도리로 오는 봄비

거름을 펴면서

꽃바람 실어 오는 마파람 맞으며
마른 텃밭에 거름을 편다
삼동을 견딘 참나물밭에
잎맥 밀어 올리지 못한 떡잎 위에
흑갈색 거름을 우르르 쏟는다
사방에 진동하는 악취
어느 집 외양간이며 닭장에서 쓸어 담은 분뇨일까
어쩌다 삼천 원짜리 특식을 한 텃밭이
뿌리의 힘으로 올 한 해도 잘 자라서
아침 식탁의 보약이 되라고
새참으로 막걸리 한 병
대추나무 뿌리도 함께 마신다

마을 방송

한 텃밭에서 흙살 파먹으며 실하게 자란
잡초란 호칭 붙은 풀,
애벌 매고 중벌 맨 옥수수밭
뽑아도 뽑아도 뿌리 뽑히지 않는 풀의 영역

호미에 찍히는 시퍼런 명줄들의
비릿한 냄새 곡성처럼 흩어지는데
제초제 농약 거리가 먼 자연농법에
악착같이 달라붙어 피를 빠는 모기
땀구멍마다 쏟아지는 물줄기

앗! 따가워! 불침 한 방 놓은 꿀벌 한 마리
어디서 자폭할 때
나도 두 손 들고 항복할 때

  - 주민 여러분
  오늘 폭염주의보가 발령되었습니다
  지금 밭이나 논에서 일하시는 분은
  탈수 증세나 일사병이 위험하오니

즉시 집 안이나 마을회관 쉼터로
이동하시기 바라며
한 분도 무더위 사고 없으시길 바랍니다-

이장님이 방송하는 삼복 불기둥
곳곳에 울리는 경고 방송

4부

사라지는 것에 대하여

요양보호사 그녀

지천명 넘어 그녀가 뛰어든 삶은 요양보호사,
그 일 십여 년의 파란만장이 울리고 웃기는
블랙 코미디여서 현실일까 허구일까
허심탄회 전하는 슬프고 아름다운
인생이란 명제에 배꼽 잡고 웃다가도 번지는 눈물,
현대판 노년들이 저승길 가는 삶의 이야기

돌보는 어르신의 짓무른 사타구니 씻기고
멀건 죽 한 모금이라도 더 먹인다는데
머리 허연 부모들이 부르는 엄마, 엄마,
때때로 자다가도
환청에 깨어 벌떡 달려간다는 웃픈 이야기

엄마 찾던 어르신 속세와 연 끊고
하늘의 별자리로 떠날 때까지
망자에게 빙의된 자신을 보며 눈앞이 캄캄한 날

병명도 희한한 괴롭힘으로 묵사발 만드는 노년 돌보며
손발 맥이 풀려 이 일 아니면 밥 못 먹을까

억장 무너지다가도 선생님 덕德에 산다는 말 한마디에
십자가 성호를 그으며
온몸으로 천직을 섬긴다는 극한직업의 그녀,

암탉

알이나 빼 먹자고 기른 암탉이 좌선에 들었다

궂은 자리 마른자리 묻지도 따지지도 않았다

꽃샘 한파도 닭의 결기를 무너트리지 못했다

가부좌 튼 거친 등에 보푸라기 만발했다

먹이도 외출도 삼간 채 무정란 알을 품고

빨간 눈 껌뻑이는 막무가내 저 연대기,

부활을 꿈꾸는 본능으로 "꼬끼오!"를 외치는

모정이 일파만파 메아리치는 감옥 한구석

목욕탕에서

 따듯한 물이 그리워지는 나이다 폐경보다 먼저 온 불임 선고 잊은 적 없는데도 갈수록 불러 오는 배, 풀러 물로 간다 원초적 맨몸을 성역 없이 노출하는, 등을 맞댄 낯선 타인조차 바라보고 만지고 씻어줘도 시비가 없는 곳, 풋기 다 가신 늙은 어머니들 하릴없는 이야기꽃 수증기처럼 피워 올리며 관상 보기 바쁜 수조, 하마 아낙 받느라 출렁출렁 물이 넘친다

 번들거리는 기름기 누런 황금 목줄 두 개의 턱을 과시하며 한 통의 냉커피를 마시는 저 중년 아낙과 바람 불면 날아갈 듯 가녀린 몸 움푹 드러난 쇄골에 물을 끼얹는 베트남 아낙, 체중은 국력일까 부력일까 재력일까

 아들 둘 해산했다는 백발 노파 쪼그라든 젖무덤 저승꽃 핀 얼굴 거푸집처럼 성긴 불두덩과 굽은 등골에 낀 땟국 씻겨 주며 따듯한 온수가 출렁거리는 욕탕에서 태초에 탄생한 아름다운 곡선을 연대기별로 점쳐 보는 이브의 천국에서 손녀 닮은 어여쁜 꽃송이 아담이 훔쳐보는 세상을 향해 걸어 나간다

행운목

그는 바람보다 먼저 쓰러졌다
흰 대리석 둥근 그의 집이
산산조각 부서지는 것도 순간이었다
날개 지친 생들이 앉아 비듬을 털어내던
허우대 넓은 어깨와 우듬지가
비명을 삼키며 가로누웠다
현관 앞 푸른 턱시도 걸친 문 지킴이로 서서
우리 가족 발길마다 말 없는 목례로
행운을 빌어 주던 중후한 신사가
게릴라 폭풍의 선동에 뽑혀
뿌리 뻗고 산다는 게 한 뼘 흙 아래
내부 구조를 채운 스티로폼 파산이라니
한여름밤의 꿈처럼
우리 집 행운이 사라졌다

소설 쓰는 여자

그 여자 또 비매품 소설을 쓰네
문장이 되지 못해 탈고도 퇴고도 없는 이야기를
기억으로 떠올리며 온몸으로 쓰네
언제쯤 마침표를 찍을까 아무도 모르네

가끔 단편처럼 들려주던
지금도 진행 중인 한물간
삼류 인생의 막장 드라마 같은
악마가 편집한 가설의 스토리 쓰지 못해

아침밥을 먹다가 불쑥
명치를 치받는 설움에 밥덩이 넘어가지 않아
막걸리 한 잔으로 끼니를 때우는
소설 속 주인공 엄마와 그 여자 이야기
최면에 걸려 한 뼘 종이에 옮기지 못하고
과거를 지우고 기억을 잊어가네

납작 엎드린 비애가 무수한 활자를 끌고 가네

나를 파도에 잠재우라
― 문무대왕암

내 뼈를 바닷속 바위에 묻어라
수중고혼이 되어서라도
태평성대를 지키는 신라의 전설이 되겠노라

당나라와 왜놈의 말발굽 소리 진동하는
서라벌 광야에서 신라의 병사여 후퇴란 없다
고구려도 백제도 멸망시킨 질풍노도가
흰 결기를 세운 파도가 바위를 때린다

쏴아, 쏴아, 해안선 가득
역사를 밀고 오는 물의 곡선
누구도 막을 수 없으리니
수수만년 적을 호령하는 대왕의 혼백,

동해 푸른 물결 위로
만파식적萬波息笛 소리 없는 진혼곡이
신라의 달밤을 넘는 문무대왕릉

초여름

온 산하가 초록으로 번지는 초여름
비바람 휩쓸고 떠내려간 참깨밭 이랑에
신천지의 초병처럼 일어서는 푸른 잎맥들

불기둥과 폭우가 맞짱을 뜨는 산하
서로 태우고 녹이는 풀 비린내 낭자한 텃밭에
이 악문 조선의 잡초들이 떼 지어
뽑히지 않는 야생의 왕국을 꿈꾸는데

씨방 쓰러져 널브러진 파밭에도
죽은 어미 무덤에서 기어 나온 여린 싹
수구 세력의 성벽처럼 어린 파들이
파르르 허공 향해 파랗게 날 선 창으로
파밭을 지키는 하지 무렵

내 이름의 한계령

봉선화 장미 난영 같은
이름이 부러웠던 초등학교 시절
내 이름 들어간 지방신문 접어서
유품으로 간직하셨던 젊은 아버지

스무 해 전 지금은 사라진
삼류문학지와 정분이 났을 때
때로는 초고와 퇴고가
용두사미로 끝나는 미완의 시간을 건너

글벗들 모인 인터넷 카페 말석에나
사생아 같은 시들을 쏟아내며
눈길 한번 받지 못하는 글들이 쌓인 카페 방
내 이름의 한계령 넘지 못한
부끄러운 자화상 죄다 꺼내
무쇠 솥 아궁이 어두운 그늘에
분서갱유焚書坑儒하고 싶은 맘 굴뚝같은데

훗날 아버지 이름 버린 딸자식 모른다고 내칠까

김해 허씨 근본을
훈장처럼 이름표에 새긴
가락국 허황옥 왕비의 티끌 한 점

영역 싸움

 삼면이 빌라로 둘러싸인 우리 집 작은 텃밭에 겨울을 견디는 굶주린 새들이 모여들어 먹기 싫어서 버린 음식쓰레기 서로 먼저 차지하려는 텃새들 영역 싸움 한창입니다
 나쁜 버릇 길들인다며 눈 흘기는 남정네 몰래 오늘은 빵 부스러기 돼지비계 내다 버립니다 4층 빌라보다 더 큰 오동나무에 집 지은 까치집을 빼앗은 검은 까마귀 먼저 찾아와 오동나무에 깃든 동료를 부릅니다
 저 맹렬한 날갯짓으로 텃세를 부리는 까치와 까마귀 비둘기 참새는 승자도 패자도 없습니다
 무리 지어 날갯짓 위협해도 작은 박새 한 마리 죽이지 않습니다 서로 먹겠다고 싸우기는 해도 어디 인간보다 무섭겠습니까 눈치껏 먹고 배부르면 떠납니다

 하, 요놈들 사시사철 텃밭 서리로 끼리끼리 먹고사는 놈들이라 웬수가 따로 없지요 햇살 늘어지는 절기부터 발소리만 듣고도 삼십육계 줄행랑입니다
 옥수수 껍질 벗겨가며 흠집 낸 까치 비둘기 놈은 한통속이고 참깨 꼬투리 묘하게 빼 먹는 참새 무리, 까맣게 익어가는 머루 송이를 작살내는 직박구리에 속 타는 건 내 몫입니다 그

들의 은어가 난무하는 텃밭에서 거뭇거뭇 여물어 가는 들깨를 베며 새도 먹고 나도 먹고 고소한 한 시절이 다 가겠습니다

사라지는 것에 대하여

어느 사이 내 곁에서 사라진 것만 생각난다

청춘의 한때는 짧았다 속절없이 사라졌다
호황기 밥줄이던 슈퍼의 밤잠이 짧았던
흥성거림의 세월도 순식간에 스러졌다
잘살아 보자고 살갑던 지아비는 물 건너간
남의 편 반려자고 아내의 자리를 반려한 나는
무기력한 동반자로 세월을 허비한다

다 어디로 사라져 갔을까
하루하루의 삶은 소중했으나 지키지 못한 약속처럼
남루의 흔적만 거적처럼 남겼다

꽃 피웠던 자리 다시 꽃이 피지 못하듯
사라진 추억은 물거품처럼 흔적도 없다
미지로 가는 길은 멀고 번뇌의 끝은 길고 긴데

내 곁을 지나간 날들의 덧없음이여
오오, 사라져 간 내 삶의 기약 없던 영화여

떠나는 걸음마다 무너지는 이승의 경계여

잘 가시게 미련 없이,

재스민꽃

화장실 한 귀퉁이
계절의 간이역 같은 틈새에서
三冬을 이겨낸 꽃나무 한 그루
피맺힌 서러움 보랏빛 별서에 담아
속울음이 피워 낸 그리운 꽃말
'당신은 나의 것'
이 몽환의 변절기에 꽃으로 핀
그대는 환희인가, 슬픔인가,

눈물은 전염된다

피도 눈물도 없을 것 같은 이순을 넘긴
거구의 남자가 운다
"엄마!" 이 한마디 말로 운다
열세 살 때 그의 곁을 떠나셨다는 엄마 찾아
전국을 떠돌았다는 중국식당 요리사
굴곡진 주름마다 묻어나는 생애보
영화보다 기구한 사연을 풀어놓아
나도 울고 옆지기도 운다
내 설움만 비감하다고 하염없던 날들을
누가 같이 울어 준 적 있던가
그 남자는 TV 속에서 우는데 나는 집에서
눈물에 전염되어 맥없이 운다

무색

시를 쓰기가 무미한 나이가 되었다
한 문장 쓰기가 이토록 건조하다니
시인이란 호칭이 무색할 지경이다

서너 달 동안 시퍼렇게 너울거리던 무밭이
된서리 두어 번에 말랑하게 풀이 죽었다
밭이랑 사이사이 꽃대를 밀어 올리던 진득찰도
누렇게 시들어 간다

나와 무와 진득찰의 사이가 건너가는 시간
곧 잊히는 시절이 올 것이다

마늘밭

밤새 들마루를 훑는 봄바람
휘익, 휘익, 채찍질하며
싸락눈 날리는 마늘밭
뾰족족 하늘바라기로 눈뜬 햇마늘 싹
덮고 있던 비닐 이불 벗긴
대책 없는 봄바람에
마당 옆 살구나무
모음의 가지마다 숨죽인
코딱지 같은 연분홍 자음들이
살얼음판 행간과 대치하고 있는
잔인한 봄날이 온다

어느 일가의 파산

이름처럼 찰랑찰랑 눈주름에
명랑한 웃음을 달고 살던 명량 씨
그 일가가 마을에서 사라졌다
외딴집 산그늘 아래 농사일로
아들 넷 두고 살던 단란한 일가가
압류 딱지도 없이 파산했다

농사꾼 부부 밭일하러 나간 사이
집에 두고 온 셋째가
고무줄 새총 겨눠 명중시킨 막내아들 오른쪽 눈
놀란 아낙은 정신줄 놓고
명석한 두뇌로 끌어모은 판돈 깨져
사기꾼 빚쟁이로 야반도주한 큰아들

사고로 세상 뜬 둘째 아들 시신 보며
명랑한 명량 씨도 스스로 명줄 놓아 버린
세상사 인생사 고해의 바다라지만
풍랑 탓일까 암초 때문일까
어느 바다로 가라앉은 일가의 파산일까

흔적도 없이 사라진 한 집안 그 어른
궂은 비 내리는 엊저녁 꿈에 다녀가셨다

큰산소

시월 상달 들어 조상님 시제 향사
문중 아낙들이 모여 떡 하고 전 부치고 탕국 끓여
어동육서魚東肉西, 홍동백서紅東白西,
대물림 전통을 진설하는
큰산소 시제상

축문 읽고 잔 올리는
초헌, 아헌, 종헌 도포 입고 굴건 쓴
늙은 제관들이 상석 아래 엎드리면
음각된 글씨를 이끼꽃으로 피운
오백 년 전 신도비문
하회탈처럼 일렁이며
대대손손 혈손血孫에게 음복술을 따르시는
청백리 조상님

문인석 무인석 동자석이 지키는 묘소
영의정 벼슬에 눈먼 망나니 도굴꾼
굴착기 들이대고 봉분 허물다가
유물 없는 봉분 버려두고

망주석 동자석 훔쳐 간 어이없는 패륜에
수백 년 낡은 유택 헐어 내고 새집 지어 드린
영의정 할아버님* 곡선의 둥근 집

* 구치관具致寬(1406~1470): 열미리 입향시조.

말 한마디

말 한마디로 천 냥 빚을 갚는다는 옛말은
호랑이 담배 피던 시절의 옛이야기
호랑이도 귀신도 없는 세상에
허접한 말 한마디 건넸다가 졸지에
생트집으로 고성이 오간 집안

甲이
乙이
존중과 신뢰는 고전 속에나 있고
타협과 이해는 국가원수끼리도
풀지 못하는 생존의 법칙이라며
갈 데까지 끝까지 가 보자고
서로 푹, 푹, 찌른 언, 어, 도, 단,

말하지 않으면
찌르지 않으면
상처도 없으련만
복수혈전에 칼로 물 베기가 아닌
비수로 난자당한 가슴의 통증,

돌아온 부메랑처럼 머리끝까지
족쇄를 채우는 연옥의 감옥인데

한 이레가 지나도록 입안에 머금은
쓰디쓴 피비린내 뱉어내지 못하는
깊디깊은 후유증

작가의 산문

시 산문집 『그곳에 그리움이 있었다』를 펴낸 후

허정분

 2024년 봄, 내 인생에서 일곱 번째 책을 출산했다. 그동안 펴낸 시집 다섯 권에서 그래도 마음에 연민으로 남은 시편들을 선별해 기억과 추억과 경험을 버무려 쓴 시가 있는 산문집 『그곳에 그리움이 있었다』다.
 글을 쓴 지 30년, 짧지 않은 세월이건만 늦은 나이에 문학판에 편승한 이력 때문일까, 문학이란 단어만 들어도 시인이란 호칭만 붙어도 울렁증에 마음 먼저 가다듬는 버릇은 초심을 잃지 말자는 다짐 같기도 하다.
 2023년도 한국예술인 복지재단의 창작 디딤돌 지원금을 받은 터라 마음도 급했다. 2019년 시집 『아기별과 할미꽃』을 펴내준 학이사 출판사에 60여 편의 원고를 넘기면서부터 시작되는 기대감과 두려움은 혼자 감내해야 하는 일이다.

지난해 연말부터 시작된 내 몸의 이상징후들, 두 번의 응급실행은 어지럼증과 동반한 신경계 질환이었다. 지판을 두드린 초고를 퇴고도 못 하고 출판사에 넘겼다. 출판사에서는 애초에 내가 붙였던 '詩, 시한 詩랑 정분나기'란 제목을 지우고 '그곳에 그리움이 있었다'란 제목으로 초본을 보내왔다. 무조건 맘에 들었다. 애틋한 그리움처럼 48편의 산문이 활자로 박힌 이야기책, 그동안의 삶의 궤적을 따라가며 웃기도 하고 울기도 했다.

초봄의 미풍이 민들레잎을 깨우는 봄날에 보내온 책을 어떻게 소화할까 고민이었다. 이번 책과 경기문화재단 지원금을 받은 『아기별과 할미꽃』 외에 펴낸 책들은 자비로 출판해 딸아이 결혼식에 또는 남편 칠순에 얹혀 반강제로 사라지긴 했다.

서울서 ㅇㅇ 시인 하면 열 사람 중에 세 사람이 돌아본다는 시인 공화국이라는 말도 유통기한이 지났다. 스마트폰이 지배하는 시대 전 국민이 SNS로 명명되는 인터넷상에서 짧은 문장으로 통하는 글쟁이를 자처하는 시대다.

내가 문단에 알려진 글쟁이도 아니고 지역에서 함께 활동하는 문학인들과 겨우 소통하는 처지인데 농촌에서 일중독에 빠진 아낙의 글을 누가 읽을까. 그래도 알음알음 보내고 마을 문중에서 가져가고, 읽은 분들이 보내오는 후기며 전화로 내용이 재미있다는 덕담도 들었다.

『그곳에 그리움이 있었다』 원고는 코로나라는 괴질로 문고리를 걸어 잠그던 시절 개설했던 인터넷 블로그 '정분 詩, 스토

리텔링'에 쓴 글에서 선별했다. 나의 시에 애련한 그리움의 옷을 입힌 산문들이 4부로 나뉘어 가감없이 내 삶을 드러낸 책, 태생부터 가난과 운명을 같이한 기억들이 드러나고 자연과 흙과 뒹군 세월이 그려졌다.

아픈 혈연들의 이런저런 상처와 어린 손녀가 하늘의 아기별이 되어 이별한 할미 마음의 설움까지 시에 덧대 문장이 되었다. 키우지 못해 속죄하는 마음, 보고 싶어 눈시울에 뜨거운 그리움을 달고 사는 할미의 심경도 드러냈다.

조선시대 초기 영의정 벼슬을 하신 청백리 조상님이 사후에 하사받은 사패지 집성촌, 현재도 유구한 역사와 전통으로 600년을 이어온 한 문중의 중인으로 「마을에 600년을 사는 어른이 계시다」 속 느티나무가 건재하는 마을의 풍속도도 4부에 실렸다.

2부 '그 소년이 온다'에서는 소외된 이웃에 대한 연민과 애정을 동반한 13편의 글을 실었다. 우리 사회의 그늘에서 삶을 꾸려가는 사람들이 보호받지 못해 어느 날 시선 밖으로 사라진 분들이 시로, 산문으로 지면을 채웠다. 내가 가장 가슴 아팠던 시편들이기도 하다.

나는 글 쓰는 일보다 생계를 위해 먹거리 농사일에 더 충실하다. 작은 텃밭과 임대농지에 봄부터 가을까지 거의 매달려 산다. 때론 회의가 들기도 하지만 일의 중독성에서 헤어나지 못하는 습관이 나도 딱하다. 3부 '이름이 낯설다'에서 「강원도의 힘」 시편처럼 강원도 홍천이 고향이다. 배를 곯던 어린 시절의 기억이 끌고 온 '먹고사는 일'에서 자유로워지고자 부단히 몰두한 모든 생업과 일이 지금은 벗어놓지 못하는 고리가 되어 얽매고 있지만 스스로 일을 만드는 성향이 다분하다.

봄에 나물 뜯고 감자밭 매며 흙살을 만지는 감촉, 자연과 무수한 여린 생들이 글감이 되어주는 농촌 생활에 만족한다고 자위해 본다. 우리 집을 찾는 지인들과 이웃들은 "세상에 농사지으면서 글은 언제 쓰느냐?"고 묻기도 한다. 때론 밭일을 하다가 머릿속을 빙빙 도는 글의 주제들을 제때 쓰지 못하는 안타까움도 적지 않다.

지천명 가까운 나이에 펴낸 첫 시집 『벌열미 사람들』 이후 다섯 권의 시집에 발표한 300여 편의 시편들이, 두 권의 산문집이, 내 인생의 가장 소중한 과정처럼 느껴진다. 내게 글쓰기는 내 삶을 치유하고 향유하는 망중한의 여유다.

광주의 지역 서점 '서행구간'은 문화 마니아들에게 꽤 알려진 문화 공간이다. 어느 날 서점에서 걸려온 전화, 경기도에서 도내서점을 대상으로 진행한 공모사업에 『그곳에 그리움이 있었다』로 어렵게 선정되었다면서 가을에 작가를 모시고 진행할 북토크에 참석해 달라는 전화였다.

내 생애에 낯선 독자들 앞에서 내 책을 주제로 이야기장을 펼친다니 얼떨떨했다. 무수한 시인과 작가들이 펴내는 베스트셀러 목록들이라야 맞는 계산이련만 서점 주인장은 같은 지역 작가라는 인연으로 특혜를 주는 것 같았다.

몇 해 전 나하고도 친분이 있고 널리 알려진 수필가를 초청해 독자와의 만남을 진행하는 과정을 지켜보았던 터라 낯가림

심한 나는 겁이 났다. 그러나 서점사업이라는데 손해를 입혀서는 안 될 일, 무조건 알았다고 승낙했다.

그리고 도서관 등에서 열리는 작가들의 북토크 현장을 서너 번 다녀왔다. 책을 쓴 작가의 의중을 독자에게 피력하는 구구절절 도저히 내 지식으론 감당이 안 되는 수준 높은 작가와 독자의 안목이 어렵기만 했다. 시월의 푸른 하늘이 하염없던 날 서행구간의 책 진열대는 전부 한쪽으로 밀려나고 앳된 청년들과 작가 겸 독자 그리고 함께 글을 쓰는 문우 등 30여 분이 홀을 차지하고 나를 기다리고 있었다.

포스터와 다과 접시까지 준비한 진행자 겸 서점 주인장은 이 서행구간에 초대하는 작가는 유명인이 아니라 글과 작가의 진정성을 본다고, 그 열한 번째의 주인공이 나라는 말로 감동을 주었다.

샛강에 서서

수수만년 누대를 흐른 강물에 눈이 내린다/ 눈보라치는 혹한 아랑곳 없다는 듯/ 강물은 눈을 먹으며/ 촤르르, 촤르르, 제 몸에 죽비를 친다/ 분분한 눈발들이 적막에 길들여진 강기슭에/ 켜켜이 쌓이는 어스름 녘/ 가난을 제 부리에 묻힌 새 몇 마리가/ 직선과 곡선의 골격으로 허공을 받드는/ 아카시아 나무에서 졸고/ 자폭하듯 뛰어내리는 눈발들을 끌어안은 이 강물은/ 어느 산골짝 샛강 여울을 돌아 흘러/ 초경 터트리듯 저리 순결한 신음소리로 앓는 것일까/ 소리 벽을 치는 물살들로 깨어있는/ 강바닥의 크고 작은 돌들이/ 제 몸의 무늬들을 선명히 마모시키며/ 둥글게 사는 법을 배워가는 이 강은/ 아직 강

밖 더러운 세상을 모른다/ 낙동강, 영산강, 금강, 남한강, 반도의 母川들을/ 한 물살로 수장시켜 죽이려는/ 운하인지 시궁창인지 그 음모를 모른다/ 다만 이렇게 깨어있는 정신으로/ 늘 새 물길로 흐르면서/ 주름 깊고 부드러운 어머니의 자궁 같은/ 큰 물길에 보태져서 그 젖줄에/ 삶의 호적을 둔 숱한 생들을 기르고/ 새파랗게 낯선 꿈을 날마다 흘려보낼 뿐이다

- 시집 『울음소리가 희망이다』(2014)

이 시를 낭송해 준 박경분 시인, 예정에 없던 축가까지 불러준 이종갑 님, 진지한 질문으로 나를 당황케 한 독자분들의 예리한 안목 등 내 생애에 저장할 아름다운 추억의 북콘서트 무대였다.

두 시간을 마주한 수많은 눈 맞춤, 진행자의 편한 진행에 장황한 논리나 수식어가 없는 내 삶의 경험과 글쓰기의 내면을 폭로하는 시간이었다. 누구나 살아가는 과정은 고달프다. 내 책을 읽은 독자들이 공감하는 동병상련의 느낌일까, 누군가 터트린 울음에 전이되어 여기저기서 눈물을 훔치는 독자를 보는 나 역시 울컥하는 마음, 그러나 내가 울 수 있는 입장이 아니다.

분위기를 바꿔 농사 이야기로 밭에 몇 번이고 출몰했던 뱀 이야기 말벌, 비둘기 이야기까지 자신의 경험처럼 웃고 즐긴 콘서트장이 마치 작은 축제장 같았다면 지나친 과장일까, 마무리로 내 글쓰기 인생에서 처음인 무대에서 "나도 작가다!"를 외치는 촌극으로 마무리했다.

한강 작가의 노벨문학상 수상을 계기로 다시 독서 인구가 증가한다고 한다. 반가운 현상이다. 서점에 한강 작가의 책은 주문이 밀렸고 인기 작가들의 책도 엄청나게 팔린다고 한다. 나의 꿈같은 희망, 『그곳에 그리움이 있었다』라는 농부 작가 책이 한 쇄를 건너 서너 쇄를 찍는다는 기적은 요원한 바람일까.

초승달 서늘한 밤하늘을 한참 동안 바라본다. 손녀가 사라진 후 수년째 이어온 버릇이다. 소리도 없이 하늘을 동서로 가르는 비행기 두 대가 작은 아기별 곁을 스쳐간다.

"할머니 힘내!" 아기별 손녀의 격려 같다. 그래, 농투성이 할미고 아낙이지만

"나도 작가다!"

어느 아낙의 병풍도

초판 발행 | 2025년 9월 25일

지은이 | 허정분
발행인 | 신중현
책임편집 | 양성애
책임교정 | 박선아
마케팅 | 신호철

펴낸곳 | 도서출판 학이사
출판등록 | 제25100-2005-28호

　　　　대구광역시 달서구 문화회관11안길 22-1(장동)
　　　　전화_(053) 554-3431, 3432　팩시밀리_(053) 554-3433
　　　　홈페이지_http://www.학이사.kr
　　　　이메일_hes3431@naver.com

ⓒ 2025, 허정분
이 책은 저작권법에 따라 보호받는 저작물이므로 무단복제를 금합니다. 내용의 전부 또는 일부를 이용하려면 반드시 저작권자와 학이사의 서면 동의를 받아야 합니다.

ISBN_979-11-5854-589-5　03810

* 이 시집은 2025년 한국예술인복지재단의 제작비 일부를 지원받아 출간되었습니다.